PARRUCCHIERI
PER
PASSIONE

PREMESSA:

PIANIFICA IL TUO SUCCESSO

COME DIVENTARE UN PROFESSIONISTA,
CREARE UNA SQUADRA VINCENTE
E OTTENERE IL SUCCESSO.
"ESSERE LEADER"

INTRODUZIONE

Ciao, sono Caterina Salis, consulente, formatrice e coach per parrucchieri da quindici anni.
Ti è mai capitato di sentirti perso e non sapere che decisione prendere?
Hai mai perso dipendenti non riuscendo a gestire la loro personalità e crescità?
Ti sei mai sentito abbandonato a te stesso, vedere che il lavoro diminuiva e nonostante i tuoi sforzi non è cambiata la situazione?
Tranquillo... esiste la soluzione per te!

Nel mio percorso di crescita professionale di ventisette anni, prima da direttrice di salone e poi da titolare, ho sperimentato strategie semplici, pratiche e sicure che hanno migliorato l'andamento dei saloni.

Nel 2003 ho partecipato al concorso "Trend Vision Award", arrivando tra le tre stiliste promettenti del futuro a livello nazionale, premiata da Diego Della Palma e da altri critici del settore.
Ad oggi sono un quadro aziendale, consulente tecnica e formatrice per un'azienda leader che produce prodotti in tutto il mondo nel nostro settore e ho la fortuna di girare tanti saloni e quindi osservare chi ha successo e chi invece sta affrontando delle difficoltà. La mia formazione continua e costante mi ha dato l'opportunità di essere riconosciuta, capace, credibile ed autorevole.
Ho potuto osservare chi ha problemi e perchè li ha: non c'è chiarezza d'obbiettivi, in fin dei conti ci sentiamo dire che siamo creativi, artisti e pensiamo di non aver bisogno di altro. La categoria viene etichettata come ignorante poiché non abbiamo studiato, non abbiamo una laurea nel nostro settore... perché?
Perché noi non ci diamo il giusto valore.
Ben presto, ho capito che l'ignoranza fa'

pagare molto di più della semplice fatica di studiare ciò che mi poteva servire nel mio lavoro. Quindi meglio faticare e guadagnare che faticare e raccogliere briciole!
Spesso ci si nasconde dietro il " non ho tempo", "ho tanti impegni", "quanto mi costa".
In realtà costa molto di più subire ogni giorno piuttosto che reagire ma si sta in balia del "aspettiamo... la crisi passerà."
Noi parrucchieri siamo sempre pronti a fare un corso di taglio, colore, raccolti etc... ma nessuno ci insegna a gestire un negozio, quindi anche se abbiamo tutta la passione del mondo, bisogna fare i conti con il cassetto!
E con se stessi...
Le problematiche che riscontro in vari saloni sono la gestione del personale e del magazzino e sono le due cose che possono mettere in crisi un'attività, oltre all'aspetto personale del leader. Infatti, il leader o titolare, deve avere una buona gestione delle emozioni e mediare nei momenti di difficoltà.

Il leader è colui che sa riportare sempre tutti verso l'obbiettivo comune!
Ma tu hai un obbiettivo?
Sai cosa vuoi?
Sai dove vuoi arrivare?
Ho letto molto sul business, studiato la base della psicologia, fatto corsi interni per parlare tutti la stessa lingua, ho seguito un corso specifico per diventare coach, ho creato strategie per gestire al meglio il magazzino e tanto altro.
Sono creativa ma dico sempre:
"La creatività è bella buona e morbida...
ma come tale, senza una fetta di pane sotto, si spande da tutte le parti".
Ho capito che ogni giorno devo alzarmi con uno spirito propositivo, inventarmi eventi, costruire il mio successo.
Facendo la formatrice, mi sono resa conto quanto, ognuno di noi, si deve prendere la responsabilità di ciò che fa e dice ogni momento.
Dire la cosa giusta nel modo giusto.

I clienti sono il bene più prezioso e, fosse solo che ci scelgono, abbiamo il dovere di dare loro il meglio di noi stessi e chi meglio di noi, il suo consulente d'immagine, può esaudire i suoi bisogni! Ma sapendo ascoltare...

Quando hai riba da pagare, affitto, tasse, contributi, bollette e tanto altro o subisci oppure reagisci. Nella vita o decidi di essere spettatore oppure protagonista!

Il successo arriva dall'azione di un'idea, un sogno portato avanti con determinazione... tu puoi essere il capitano della tua anima!

Le aziende che vendono i prodotti creano dei canvas con offerte commerciali che al parrucchiere vengono presentate molto convenienti ma in realtà ogni parrucchiere dovrebbe analizzare prima il bisogno relativo al suo target di clientela.

Il venditore ha degli obbiettivi che l'azienda per la quale lavora gli impone, quindi farà di tutto per venderti il prodotto, cercando di manipolare il tuo acquisto.

Nessuna azienda ha intenzione di far crescere un parrucchiere come imprenditore, vogliono solo fidelizzarti come cliente magari facendo un bel contratto di un anno per offrirti uno sconto maggiore... così ingrassano loro.
Se tu sposi un'azienda per una filosofia che condividi e credi nel progetto, allora puoi fare un contratto ma va studiato bene, perchè il coltello dalla parte del manico lo devi avere sempre tu, altrimenti ingrassano solo loro.
Negli ultimi anni, i parrucchieri hanno ripreso l'abitudine di acquistare dal grossista, primo perchè non c'è il minimo d'acquisto, secondo perchè le multinazionali hanno aperto il mercato a tutti, compreso profumerie e gli anni dove ti dicevano : "il prodotto è in esclusiva per te", è andato a farsi benedire. Proprio per questo, le multinazionali hanno calato il loro fatturato.
Di seguito ti donerò la mia strategia vincente per un negozio di successo, quindi dovrai agire e analizzare dove sei posizionato per distinguere i tuoi punti di forza dai tuoi punti di debolezza.

La soluzione

CAPITOLO 1

IDENTITA'

POSIZIONAMENTO

La prima azione da fare, quando si decide di aprire un'attività, è analizzare questi punti:
- Locazione (centro o periferia, se c'è parcheggio servito, vetrine in vista, strada principale o secondaria, che attività ci sono in vicinanza etc...).
- Numero abitanti (puoi chiederlo al comune di residenza).
- Numero concorrenti, la qualità del loro lavoro e che immagine hanno (fai un giro per osservare i loro negozi).
- Che identità avrai agli occhi degli altri (come vuoi essere riconosciuto dagli altri? Classico, alternativo, di classe, d'elite, etc...)
- Che immagine darai al negozio (classica, alternativa, di classe, d'elite,etc...)

- Scelta dei prodotti (marca, prezzo, ricercato, naturale, etc..)
- Come fare pubblicità e marketing per farti

conoscere (f.b. Depliant. Scuole, comune, studio medico etc...)
− Partner (puoi creare del business con estetista della tua zona, negozio abbigliamento, fiorista etc...)

In caso fossi già aperto, ti consiglio ugualmente di fare quest'analisi per capire che identità hai e come ti sei posizionato. Questa è la parte più difficile: fare autoanalisi per molti diventa difficile perchè non hanno uno schema chiaro.
Ora sai da dove partire, devi solo agire oppure fatti supportare da chi può farlo per te.
Il secondo passo che devi fare è quello di conoscere te stesso. Oggi devi pensare a tutte le cose brutte che ti sono capitate, quelle che non hai risolto, sia a livello personale che sull'ambito lavorativo. Scrivile in un foglio. Fallo se non l'hai fatto, perchè è importante!
Una volta scritte, per ognuna devi perdonare o perdonarti. Se credi che sia superfluo questo

esercizio, ricorda che se tu non sei libero non potrai ascoltare i tuoi clienti e dipendenti.
Ogni giorno devi essere propositivo e tutto quello che ti impegna la mente in altro, porta via energia alla tua creatività e concentrazione.
Impara a non giudicare ma ad analizzare le persone: non ti serve giudicare il loro stile di abbigliamento o la loro bellezza, ti serve comprendere le persone e il loro stile di vita.
La tua serenità interiore ti aiuterà ad essere propositivo, le persone stanno volentieri con chi è sorridente piuttosto che con chi ha la luna di traverso.
Trova uno spazio per farti una coccola: fai quello che più ti piace, può essere leggere, andare a fare sport o un massaggio. Fai la cosa che ti fa' stare meglio e organizzati per stare solo con te. Il cervello nel silenzio si ricarica e trova le risposte.

Stimola la tua creatività: se già hai un hobby meglio, altrimenti trovalo.
Chiedi a te stesso dove vorresti essere tra

un anno, visualizza dove, con chi, l'ambiente, i colori.
Trova la tua direzione... pensa che tra un anno sarai un professionista riconosciuto e un leader per i tuoi collaboratori.
Analizza la tua formazione, osserva i tuoi punti di forza e punti di debolezza.
Studia quello che ti serve per migliorare.
Io negli anni ho fatto molta formazione e tanta altra ne farò, perchè non si smette mai d'imparare.
Un professionista sa tutto quello che riguarda il proprio settore, quindi devi conoscere al meglio tutti gli argomenti che servono per essere capace e credibile davanti agli occhi della tua cliente e di conseguenza leader per i tuoi collaboratori. E se non hai collaboratori ricordati che il bene più prezioso sei tu! Quando una persona è consapevole della sua crescita, si riempie l'animo e arriva l' auto-realizzazione.
Impara a leggere il mercato. Io ho fatto un percorso allo IED, Istituto Europeo del Design, dove mi hanno insegnato come fare

ricerca per creare una collezione moda.
Quindi non ancorarti al passato.. ma nemmeno essere troppo avanti può portare successo... devi vivere il momento. La moda è ora, domani è già vecchia.
Sfrutta l'onda, non complicarti la vita con il tuo gusto... il gusto lo sceglie la strada, è da lì che prendono ispirazione gli stilisti e quello che non piace a te può piacere ad altri mille. La nostra missione è quella di rendere felice e soddisfatto il cliente e quando ci chiedono una missione impossibile, dobbiamo informarla di quello che è più adatto al suo viso e corporatura.
Ricordati che il bravo leader è quello che sa gestire le sue emozioni e quelle del suo team: se gestirai le tue e le loro emozioni canalizzandole nell'obbiettivo comune , allenterai e medierai le tensioni portando sempre l'attenzione all'obbiettivo comune.

Capitolo 2

I COLLABORATORI

Gestire i dipendenti è un' altro problema che riscontro in vari negozi. Ma siccome come tu ben sai il costo maggiore per un'azienda sono i dipendenti, hai due possibilità: o lasciare al caso chi ti arriva e magari per bisogno assumi, senza considerare che persona è, dimostrandosi nel tempo inadeguata oppure analizzare la persona per sapere quanta responsabilità darà al suo lavoro. Alcune volte va bene altre male ed altre ancora con il tempo il rapporto si deteriora.

Per prima cosa quando selezioni il personale devi farle fare dei test attitudinali: io uso dei test di programmazione neurolinguistica o altri per conoscere la personalità.

Una volta che sai chi hai di fronte, dovrai utilizzare la comunicazione più adatta al tuo collaboratore, in modo che riuscirai a farti ascoltare e a motivarlo.

La natura dell'uomo è quella di essere

pigro ma se stimolato sa rendere al meglio. Qualcuno penserà: "Eh già, ora devo essere psicologo? Sono io il capo mi devono solo obbedire! Io comando!!!" Ecco, se pensi questo, purtroppo per te non potrai essere un leader che motiva. Per essere la loro guida bisogna, prima di tutto, dare l'esempio, essere coerenti e prendere stima di loro, non incutere terrore, perché daranno a te il necessario. Non saranno propositivi perché l'ambiente sarà negativo e la negatività uccide la creatività. Hanno bisogno di fare formazione costante per sentirsi di migliorare se non stimolati non crescono e si demotivano. Puoi decidere di delegare la loro formazione oppure, cosa che preferisco perché crea squadra e stima nei tuoi confronti, organizzi due incontri al mese per fare formazione insieme e creare degli eventi da condividere: una pizza insieme o una gita, perché se crei empatia allora ti stimeranno e ci penseranno bene prima di licenziarsi o crearti danni all'interno del salone.
Questo non vuol dire che diventi titolare

amico, perchè se non sai gestire le situazioni può ritorcersi contro, e rischi che si sentano in dovere di fare quello che vogliono e quando lo vogliono.
Devi elogiarli quando fanno bene ma saperli sgridare quando necessario.
Dai loro degli obbiettivi da raggiungere in base alla pianificazione dell'anno che vedrai nella sezione magazzino, ma ricorda: gli obbiettivi devono avere un premio, che puoi concordare con la squadra o con il singolo.
Esempio: dai una percentuale sul fatturato di un trattamento o sul prodotto da vendere in quel periodo oppure, cosa che con me ha funzionato, con il singolo.
Esempio: colloquio individuale dove chiedi: "cosa ti motiverebbe a raggiungere questo obbiettivo? che premio vorresti?" qualcuno ti potrà dire una ricarica del telefono , un altro i soldi e un altro un corso di formazione.
Starà a te valutare quanto dovrà impegnarsi per quel premio.

Scegliendo loro il premio e se tu farai il

controllo costantemente, saranno sensibilizzati a raggiungere l'obbiettivo, perchè scelto da loro.
Coinvolgerli nelle scelte aziendali.
Esempio: devi scegliere l'acquisto di un prodotto, ricorda che non devi crederci solo tu, ma lo venderanno anche loro, se non piace non saranno positivi e non lo proporranno con entusiasmo. Coinvolgendoli, fai capire che dai valore a loro, fosse solo che per te il collaboratore deve essere un investimento e non solo un costo. Per farli diventare produttivi devi dare loro tutti gli strumenti necessari: vendergli tu in maniera entusiasmante il prodotto che hai deciso, che per il tuo target di clientela sarà un business che può rendere.
I dipendenti non vendono prodotti per questi motivi:
1 - non vengono spiegati loro al meglio e in modo entusiasmante i vantaggi e benefici che da il prodotto

2 - non hanno un obbiettivo da seguire,

quindi lo vendono quando si ricordano.
3 - non entra in tasca niente a loro.
4 - vedono la vendita come una cosa in più al loro lavoro e non come proseguo della loro professionalità.
Per ogni canvas o obbiettivo del mese, è giusto preparare un cartellone nel quale si metterà il nome di ogni collaboratore,il titolare ogni settimana aggiornerà il tabellone e farà il controllo motivando la squadra con entusiasmo!
Ricordarti che, senza controllo, le persone non seguono la direzione! La tua direzione è il successo, ma anche la loro... il tuo successo lo dovrai condividere con loro perchè è anche grazie a loro se avrai successo e se già lo hai devi mantenerlo!
Spesso nelle consulenze che faccio, alcuni titolari hanno all'interno del negozio più marche dello stesso prodotto, tipo due o tre marche di colore, tre case di styling e altro: facendo così ti troverai in difficoltà e metterai in difficoltà i dipendenti, poiché il cliente potrà chiedere : "qual' è meglio?" e i

dipendenti avranno confusione e si demotiveranno a studiare i prodotti se non formati.
La cosa migliore è fare chiarezza in te e decidere qual'è il meglio per il tuo business e con la chiarezza i collaboratori vedranno in te una guida e il loro leader.
L'azienda la fanno le persone e quindi bisogna averne cura!

Capitolo 3

GESTIONE DEL CLIENTE

Il cliente è il bene più prezioso: fosse solo che ci ha scelto dobbiamo dare il meglio di noi stessi. Sono loro che ci danno da vivere e ci danno la possibilità di creare, come un pittore: senza tela non avrebbe modo di comunicare le sue emozioni.

Di seguito uno schema per farti capire la comunicazione più corretta da attuare nei confronti del tuo cliente.

io + cliente = soluzione.

1- **io** : il mio modo di vedere quindi decido io ciò che bisogna fare, il cliente deve accettare la mia soluzione; così facendo si sminuisce il desiderio della cliente escludendola dalla comunicazione

2- **cliente**: il suo modo di vedere, la cliente decide cosa bisogna fare, io devo accettare la sua soluzione; così facendo perdo ai suoi occhi la mia professionalità.

3 - **io + cliente** : il mio punto di vista più il suo punto di vista porterà a una soluzione comune con la comunicazione; così facendo, la cliente sarà soddisfatta ed il parrucchiere appagato della sua professionalità e autostima.

Qual'è la sequenza giusta per una buona comunicazione?

1- **Pensare**: in tutte le cose io penso prima di parlare ed incominciare una conversazione con la cliente.

2-**Parlare** : dopo aver pensato passo ad un dialogo e quindi intraprendo una conversazione.

3-**Difficoltà** : quasi sempre la cliente ha delle obiezioni, quindi passo ai chiarimenti e al chiarimento delle obiezioni.

4-**Ascoltare**: ascolto il desiderio della cliente, comunicando e cercando una soluzione comune.

5-**Prestare attenzione**: tenere in considerazione quello che è possibile fare per il desiderio della cliente, sempre portandola al nostro obiettivo ma lasciandole l'illusione che sia lei a decidere.

6-**Capire e valutare**: fare la diagnosi e valutare la tecnica o prodotti da eseguire.

7-**Disporre**:concludere la vendita del servizio o prodotto.

Andiamo ad analizzare le clienti più difficili
e vediamo come comunicare in modo efficace
ed efficiente.

CLIENTE SUPERMERCATO

Ambiente: prodotti di scarsa qualità, prezzo basso, grande quantità di prodotti la fanno sentire ricca.

La donna: non cura la bellezza, un prodotto vale l'altro, non vuole o non può spendere

Argomenti: evidenziare la resa dei prodotti, bisogna abituarla piano all'acquisto.

Termini efficaci: conveniente, concentrato, qualità prezzo, lucidi e morbidi.

CLIENTE FARMACIA

Ambiente: persone qualificate, associazione psicologica "Farmacia = cura".

La donna: abituata all'acquisto specifico, esperienza negativa dal parrucchiere, promesse non mantenute.

Argomenti: occorre infondere molta sicurezza, conoscenza approfondita delle cause ed effetti e soluzioni, diagnosi partecipativa e tecnica molto accurata, domande aperte sulla salute, darle consigli senza eccedere. Il messaggio da trasmettere è che i nostri prodotti sono alla pari di quelli in farmacia.

Termini efficaci: risoluzione del problema, cura e salute, prevenzione, capelli sani, lucidi e morbidi.

CLIENTE PROFUMERIA

Ambiente: immagine molto curata, qualità prodotti, utilizzo di campagne pubblicitarie dalle grandi aziende si sentono importanti, grande scelta di prodotti.

La donna: vive l'acquisto come una fase molto importante, può spendere notorietà nella marca, acquista prodotti specifici.

Argomenti: coinvolgere con l'immagine, profumo, tatto... la novità, il gadget, notorietà della marca, l'acquisto come servizio completo e messaggio che sarà di supporto alla sua bellezza.

Termini efficaci: capelli più belli, migliora l'immagine, moda del momento, lucidi, morbidi.

CLIENTE ERBORISTERIA

Ambiente: naturale, profumi, persone qualificate nel benessere, tendenza del momento.

La donna:
1 - molto informata, costante, impegnata in un modello di vita, filosofia.
2 - segue la tendenza, poco informata, curiosa ma incostante

Argomenti: facilità d'uso, sicurezza nel risultato, garanzia delle materie prime e delle caratteristiche dei prodotti, possibilità di proseguire il trattamento a casa.

Termini efficaci: per il benessere della sua persona, principi attivi naturali, rispetto della cute e del capello, lucidi e morbidi.

Ora analizziamo le forme del viso come supporto alla professionalità.
Se impari le regole per riconoscere le forme del viso, riuscirai a capire quale forma di taglio e colore è più adatta alla singola cliente, argomentando nella fase di consulenza queste regole, apparirai agli occhi della cliente come consulente e professionista.
Porta indietro al viso con una fascia tutti i capelli, analizza il suo viso e, una volta riconosciuta una delle quattro forme, saprai come agire al meglio.
La regole è quella di portare a livello ottico armonia creando sempre il viso perfetto, l'ovale.

Analizziamo le 6 forme del viso.

VISO ROTONDO

mappa viso rotondo: si caratterizza per la totale assenza di elementi spigolosi, la distanza tra gli zigomi e fronte-mento sono uguali.

Come colore bisogna creare luce nella sommità del capo, anche schiariture di forte effetto e di conseguenza, nei laterali, creare un'ombra più scura.

Nel taglio si darà più volume nella parte superiore per allungare, ottimo anche fare un sostegno solo nella zona superiore per esaltare il volume.

Ricapitolando: dovrò enfatizzare i volumi con taglio o effetto colore nella sommità ricordandomi che il chiaro espande e lo scuro definisce.

VISO RETTANGOLARE

mappa del viso rettangolare: si caratterizza da una forma allungata, la larghezza delle tempie e delle mascelle sono quasi uguali, la fronte è larga ed alta, mascella ben delineata e squadrata.

Creare schiariture e volume nelle zone laterali , evitando la zona della corona, per ammorbidire le spigolature di questa forma di viso dando un effetto più armonioso.

Nel taglio dovrò creare poco volume nella zona superiore creando una frangia o ciuffo frangia dando più volume nei laterali.

Ricapitolando: in una forma rettangolare i volumi nel lato e zone d'ombra nella zona di frangia.

VISO TRIANGOLO ROVESCIATO

mappa del viso a triangolo rovesciato: si caratterizza da fronte e zigomi ampi mentre il mento è piccolo e appuntito.

Creare schiariture nella sommità del capo e nella zona di nuca, evitare schiariture nelle zone temporali e non dare volume.
Evitare zone d'ombra nella zona della mascella che evidenzierebbe di più il mento piccolo.

Nel taglio cercherò di non dare volume nella zona superiore e cercherò di lasciare libera la zona del mento .

Ricapitolando: zona d'ombra e niente volume nella zona superiore, mentre punti luce e volume nella zona inferiore.

VISO TRIANGOLO

mappa viso a triangolo: si caratterizza da una fronte stretta e una mascella pronunciata.

Creare volumi nella zona di corona e temporale evitando la zona delle mascelle, anche le schiariture nella zona superiore ma da sotto la zona temporale lasciare zona d'ombra.

Nel taglio cercherò di creare volume con una forma arrotondata nella zona superiore mentre nella zona inferiore lascerò aderenza al viso.

Ricapitolando: dovrò ricordarmi che i volumi saranno concentrati nella zona superiore e zona luce, mentre nella zona inferiore zona d'ombra e poco volume.

VISO QUADRATO

mappa del viso quadrato: si caratterizza da una linea tra zigomi, fronte e
mascella quasi uguale, al contrario della forma rettangolare, dove il viso è stretto, qua abbiamo un viso largo, quasi mascolino.

Creare volume nella zona superiore anche con un sostegno e schiariture , mentre nella zona laterale assolutamente zone d'ombra.

Nel taglio creerò una scalatura per dare volume nella zona superiore, per ammorbidire gli spigoli del viso quadrato far ricadere con lo styling in modo morbido nel contorno del viso delle ciocche, creando zone d'ombra.

Ricapitolando: dovrò ammorbidire i contorni del viso con zone d'ombra e volume e punti luce nella parte superiore.

VISO OVALE

mappa del viso ovale: si caratterizza da una larghezza che è circa la metà della lunghezza, si allarga nella zona delle guance in modo armonioso rientrando nella zona del mento. La forma dove si adatta qualsiasi cosa, considerata la forma più corretta ed armoniosa. La perfezione che non ha bisogno di correzioni.

LEGGE DI CHEVROUL

La legge di Chevroul è tutt'ora utilizzata dagli stilisti, e non è altro che l'accostamento di colori più adatti per esaltare l'immagine di una persona. Ossia ci sono colori penalizzanti e altri che migliorano l'immagine del cliente. Sarà capitato anche a te che il giorno che ti sentivi in forma, quasi bello o bella, ti abbiano detto: " ma stai bene? Non ti vedo in forma!"e tu invece ti senti un leone. Ecco, magari in quella situazione hai indossato un capo che non ha esaltato l'incarnato del tuo viso, lo ha penalizzato. O magari al contrario non ti senti in forma e ti dicono " ti trovo bene" e tu ti senti uno straccio, in quel caso hai indossato i colori giusti per te. Conoscere i colori e sfumature più adatti ti fa riconoscere come consulente a tutti gli effetti agli occhi della tua cliente.
Vediamo come riconoscere e classificare le clienti per esaltare la loro immagine.

TIPO CHIARO-CALDO

Caratteristiche:

<u>Pelle</u>:
molto chiara alcune volte con presenza di efelidi, sottotono caldo o neutro.
Occhi:
nocciola, verdi o azzurri ma sempre e comunque luminosi.
Colore capelli naturali:
da biondo chiaro a
biondo scuro, castano chiaro.
colori più adatti:
caldi chiari luminosi, dal biondo platino al castano
chiaro con riflessi dorati ramati.
altezza di tono consigliate:
dal 5 castano chiaro al 10 biondo platino.
riflessi consigliati:
dorato, dorato intenso, dorato ramato, rame, beige, superschiarenti beige o dorato.

TIPO CHIARO – FREDDO

Caratteristiche:

Pelle:
beige chiaro rosato, sottotono freddo.
Occhi:
blu, azzurri, azzurro grigio, grigio verde.
Colore capelli naturali:
da biondo chiaro a biondo scuro con sfumatura cenere, castano chiaro, sale e pepe.
Colori più adatti:
dal biondo platino al castano chiaro con riflessi cenere e beige.
Altezza di tono consigliata:
dal 5 castano chiaro al 10 biondo platino con riflessi cenere beige.
Riflessi consigliati:
dai cenere, beige, dorato cenere.

TIPOLOGIA SCURO-CALDO

Caratteristiche:

Pelle:
beige dorata a volte presenza di efelidi, con sottotono caldo.

Occhi:
nocciola, marroni o verdi con pagliuzze dorate.

Colore capelli naturale:
da castano chiaro a castano scuro con riflessi rame rosso.

Colori più adatti:
dal biondo scuro al castano scuro con riflessi dorati, ramati o rossi.

Altezza di tono consigliata:
dal 3 castano scuro al 6 biondo scuro.

Riflessi consigliati:
dorato, rame, rame dorato, rame rosso, rosso, viola.

TIPOLOGIA SCURO-FREDDO

Caratteristiche:

Pelle:
beige neutra o olivastra, sottotono freddo.
Occhi:
blu, verdi, marrone scuro o neri.
Colore capelli naturale:
da castano scuro a neri, sale e pepe.
Colori più adatti:
castano mogano, viola, bruno o nero.
Altezza di tono consigliata:
dal castano chiaro al nero.
Riflessi consigliati:
cenere, mogano, viola, rosso.

CAPITOLO 4

GESTIONE MAGAZZINO

La scelta del prodotto sarà fondamentale, ossia devi crederci in ciò che vendi, dovrà corrispondere ai tuoi valori, scegliere un'azienda che ti seguirà nel tuo business è importantissimo! Se non hai un credo difficilmente avrai risultati, o per lo meno farai molta fatica, quindi cerchiamo di lavorare più leggeri. Deve essere un piacere argomentare un prodotto o servizio, e se ci credi ti diventerà più semplice.

Alcune volte si ascolta il venditore e si acquista, magari perché ti ha conquistato il modo in cui te lo ha presentato, è riuscito a manipolarti trasferendoti un bisogno, è il suo lavoro, ma poi rischi di avere fondi di magazzino.

Ti sarà capitato di acquistare un prodotto del quale ti sei innamorato e lo daresti anche da mangiare al tuo cliente, perché ci credi! E nel giro di pochi giorni magari lo finisci. La vera sfida è fare ciò con tutti i tuoi prodotti.

Spesso ci si limita al proprio gusto ma può rallentare il tuo business in altro.
Più sarai consapevole che ogni prodotto all'interno del tuo salone ha un valore importante come strumento della tua professionalità, più farai girare al meglio il tuo business.
Il secondo passo fondamentale è analizzare i bisogni del cliente mese per mese.

Gennaio:
purificazione del cuoio capelluto in preparazione di un'eventuale prevenzione caduta nei due mesi successivi. Promozioni mirate nel mese dopo natale dove ci sono meno passaggi cliente, informazione prevenzione caduta

Febbraio:
prevenzione caduta, evento per s.valentino, collezione moda, informazione collezione primavera estate.

Marzo:
prevenzione caduta, evento festa del papà

collezione moda, lotteria di pasqua.
Aprile:
piega benessere con trattamento personalizzato, piega colore con tonalizzante personalizzato, collezione moda.
Maggio:
solari, evento festa della mamma, collezione moda.
Giugno:
solari, trattamenti ricostruzione, prevenzione mare, collezione moda.
Luglio:
solari, trattamenti ricostruzione, prevenzione mare, collezione moda.
Agosto:
solari, trattamenti ricostruzione, piega benessere, collezione moda.
Settembre:
taglio studenti, menù trattamenti personalizzati, informazione prevenzione caduta, informazione collezione autunno inverno.
Ottobre:
prevenzione caduta, informazione

dell'opportunità della promozione che possono sfruttare al mese di novembre, collezione moda.

Novembre:
prevenzione caduta, promozione colore o taglio o giochi di colore, collezione moda.

Dicembre:
buoni regalo, lotteria di natale, regalo di natale da sfruttare entro il 31 gennaio che può essere un servizio in omaggio per lei e per un'amica o familiare, collezione moda.

Questo è un esempio di come si può organizzare l'anno, ma ognuno può scegliere in base alle esigenze e target della propria clientela cosa modificare, di certo i solari, prevenzione caduta e collezione moda coincideranno per tutti uguale.

Perché fare questo?

Perché è proprio in base a questo schema che terrai sotto controllo il magazzino, facendo così non ti troverai con scorte in magazzino di prodotti che non ti servono e in cui ci perdi soldi a tenere fermi.

Dovrai organizzare alla fine di ogni mese una formazione per i dipendenti ai quali informerai del canvas del mese successivo, avrai già preparato il cartellone e argomenterai e spiegherai con entusiasmo i prodotti e le opportunità per i clienti che sono il bene più prezioso anche per loro, ricordagli sempre che lo stipendio arriva dalle tasche dei clienti e che tu firmi solo l'assegno, trasmetterai sensibilità e rispetto nei loro cuori. Insieme stabilirete come organizzare l'allestimento del salone per promuovere al meglio il nuovo obbiettivo, approfondiremo questo argomento nella parte pubblicità e marketing.

I dipendenti verranno motivati ogni mese da un obbiettivo chiaro e semplice, dai loro una direzione per canalizzare i loro argomenti e le loro energie su quello. Ovviamente sempre in base all'esigenza del singolo cliente, mai dare un servizio ad un cliente se non si è riusciti a trasferirle il bisogno o non lo sente necessario. In più per i collaboratori fare formazione sui prodotti destinati a quel periodo sarà più semplice ed efficace, faranno un mese ad argomentare un prodotto e rimarrà in mente più a lungo, piuttosto che studiare tutto e memorizzare solo quello che più piace. Seguendo questo schema vi accorgerete che alla fine dell'anno i numeri cambieranno e i dipendenti l'anno dopo saranno già preparati, sarà solo un ripasso. Acquisteranno sicurezza e autostima. Tenete uno storico dell'anno passato in modo da valutare i risultati e tenere monitorato l'andamento del singolo, sia come collaboratori che numero di servizi o trattamenti o vendita del prodotto a casa. Senza questo controllo non saprai dove stai andando, in cosa devi migliorare e in cosa sei già forte.

RIESCI A CAPIRE QUANTO è FACILE?

tutto parte dalla chiarezza che c'è in te, lo schema mentale… e il tuo potere d'azione!

CAPITOLO 5

GESTIONE FISCALE

La parte fiscale l'avrai delegata al commercialista ma ricorda che il commercialista fa il necessario.
Chiedi un bilancio ogni tre mesi in modo da non trovarti con problemi verso la fine dell'anno.
Informati sulle varie agevolazioni dalla regione, se aspetti che lo faccia il commercialista, dormi sonni tranquilli... a meno che il commercialista sia un tuo parente affezionato che fa veramente i tuoi interessi.
Ricordati che con gli studi di settore puoi incorrere in problemi.
Calcolano l'energia, i posti lavoro, i dipendenti e molto altro. Tutelati in tutto ciò che per causa di forza maggiore fa diminuire il lavoro, per giustificarti in caso di controllo.
esempio:
se il parcheggio davanti al tuo negozio viene chiuso per manutenzione, fai una foto, allegala in una cartelletta con la data e segna per quanto tempo hai avuto il disagio. Ti

servirà per giustificarti se non hai prodotto a sufficienza. Oppure la corrente ti è saltata o l'acqua è stata chiusa sempre per lavori, allega nella cartelletta che da tal giorno a tal giorno (ti avranno mandato un'informazione della chiusura del servizio per manutenzione) hai avuto un disagio e non hai potuto lavorare. Questo serve per sgravare dei giorni dall'ipotetico conteggio che fanno loro negli studi di settore.
Queste cose il commercialista non le dice, t'informerà solo quando e quanto devi pagare
Se in negozio hai un frigorifero, un microonde, una lavatrice, un'asciugatrice o macchinetta del caffè, quell'energia la calcoli a parte, ogni mese fai uno schema dell'energia utilizzata per i tuoi elettrodomestici che non conteggiano energia per il lavoro.
So che ti può sembrare superfluo ma ti garantisco che può servire per chi è soggetto all'adeguamento.
Di ogni documento che porti al commercialista fai una fotocopia, e quando glieli consegni alla fine di ogni mese, fatti

firmare un foglio per ricevuta, un domani può dirti che tu non gli avevi dato quel documento e se ti arriva un'eventuale multa, lui dovrà pagare al tuo posto, perché l'errore è suo se non ti ha pagato qualcosa, loro sono obbligati a stipulare un'assicurazione proprio in questi casi.

Affidati a un bravo commercialista, fai una selezione e da subito fai richieste chiare e pretendi un incontro ogni tre mesi.

CAPITOLO 6

PUBBLICITA' MARKETING

La prima pubblicità è la tua vetrina, deve essere sempre ben pulita e con un'immagine chiara semplice che rispecchia la pianificazione dell'anno. Cambiare vetrina ogni mese massimo due ti dà un'immagine d'innovazione costante.
La promessa che c'è in vetrina è quella che conquisterà le persone. Se non sei portato per l' estetica della vetrina , ricerca nel tuo personale o nelle tue amicizie chi lo è.
Se puoi delega o fatti consigliare. Ricerca strumenti a tema che ricordano il tuo obbiettivo mensile. Esempio: con i solari, ricerca conchiglie, sabbia, sassi bianchi etc, ma in modo pulito, lineare, il protagonista deve essere sempre il prodotto. Spesso vedo vetrine addobbate troppo e porta distrazione ad altro, il prodotto passa in secondo piano.
L'interno del salone è molto importante, il cliente deve vedere ad ogni postazione che passa, ciò che tu vorresti vendergli in quel periodo.

Ma ricorda che senza argomentare, saranno in pochi a chiederti di quel prodotto. Ho trovato saloni dove non espongono prodotti per scelta, eppure vendono moltissimo. Hanno creato la vendita come conseguenza della loro professionalità sono consulenti e professionisti, quindi se acquisisci credibilità agli occhi del tuo cliente, avrà fiducia e quando gli proporrai il prodotto più giusto per lui, senza creare notorietà alla marca che tu hai scelto, l'acquisto sarà una conseguenza della tua professionalità e credibilità che hai trasmesso al cliente. Anche chi non acquisterà, non penserà "voleva vendermi un prodotto", magari quel giorno o quel momento non poteva, ma quando potrà sicuramente lo acquisterà.

Il compito del consulente è informare del trattamento più adeguato per la cura a casa. Molti hanno paura a non esporre i prodotti, sono convinti che si vendono se sono in vista, ma in realtà è molto più efficace la consulenza al cliente. Puoi avere un

bancale di prodotti alla cassa, ma se non si fa una buona consulenza, rimarranno là.
La pubblicità più efficace del momento è internet. Crea una pagina Facebook del tuo salone, che non è creare il tuo profilo personale, sono due cose ben distinte.
Creare una pagina professionale del tuo salone ti darà notorietà in tempo breve.
Pubblica i tuoi canvas e le tue opportunità per i tuoi clienti. Crea eventi e informazioni di valore per i tuoi clienti.
Metti immagini moda del momento e informazioni interessanti.
Con internet arrivi a più persone contemporaneamente e se promuovi la pagina puoi fare promozione mirata.
F.B. e internet in generale, danno tante informazioni e spesso si leggono, si condividono i post ma in
pochi creano la propria pagina professionale!
Un professionista crea la sua pagina professionale, da informazioni di valore, mette foto dei suoi lavori, crea eventi e tanto

altro...
Quando faccio coaching nei saloni creo un programma individuale a secondo delle necessità e del team che lavora, non credete a chi vi dà una promozione ed è quella per tutti, non è così! Ogni salone ha tante varianti completamente diverse! Ad ognuno faccio creare delle **partnership** specifiche.

CONCLUSIONE

Ricapitolando:

Abbiamo visto come essere consapevoli dell'identità del salone e come posizionarsi.
La gestione dei dipendenti, come conoscerli e motivarli.
La gestione dei clienti, come fare consulenza in base alla forma del viso e la legge di Chevroul.
La gestione del magazzino, la parte più importante per avere una strategia chiara semplice e sicura.
La gestione fiscale, hai compreso quanto è importante chiedere al tuo commercialista più consulenza, come tu fai per i tuoi clienti.
La pubblicità e il marketing mirato ai tuoi canvas.
Fare un percorso di coaching team per unire la squadra.
Questa mia soluzione ha portato i tuoi colleghi a soluzioni semplici, pratiche e

sicure. Anche tu iniziando questo percorso e impegnandoti nel tuo progetto avrai i tuoi risultati. Questo metodo funziona nella misura in cui tu ti prenderai responsabilità ogni giorno di quello che fai. Quindi adesso tocca a te!!
Per ottenere risultati devi concentrarti molto nell'analizzare il tuo pubblico, te
stesso, le tue clienti e i tuoi dipendenti.
Alcuni si disinnamorano del proprio lavoro con il tempo perché si dimenticano del primo giorno di apertura, dove felicità e soddisfazione erano a mille... e poi alcuni sostengono il successo e lo incrementano sempre e nelle difficoltà hanno il coraggio di modificare la direzione, mentre ad altri subentra l'incertezza, la paura del fallimento e si fermano alla difficoltà senza vedere la possibile soluzione.
Ricordati che nella vita c'è chi è spettatore e chi ha deciso di esserne il protagonista...
Sii il protagonista della tua vita!
Sei il capitano della tua anima!
Ora la prima cosa che devi fare subito... e

dico **SUBITO**, è prendere una penna,
tornare all'inizio e fare l'esercizio di
perdonarti e perdonare... forza, inizia... chi
ben inizia è a metà dell'opera.
Guarda con occhi nuovi te stesso e trova
ispirazione ed entusiasmo !!!
Decidi chi vuoi essere e scegli la tua
direzione.
Datti un'obbiettivo!
Prenditi il tempo necessario per organizzarti
in ogni obbiettivo, dandoti sempre un tempo
ben preciso.
Parla al tuo team della tua direzione, spesso
non lo sanno!
Dai l'opportunità al tuo team del premio per il
canvas e stabiliscilo con il singolo, servirà a
motivarli.
Studia e diventa competente nei tuoi punti di
debolezza, continua a fortificare e a
gratificarti per i tuoi punti di forza.
Crea degli eventi per i tuoi clienti, oltre a
motivare te stesso il cliente sentirà
un'atmosfera felice.
E' nei momenti di crisi che bisogna investire,

una team coaching può essere una soluzione nei rapporti interpersonali difficili.
Se hai perso la luce negli occhi parlando del tuo lavoro, allora pensa a fare un percorso di coaching, io seguo i miei clienti fino al risultato.
Se hai perso l'ispirazione, alimenta la tua creatività, sempre con un percorso di coaching.
Se non sai analizzare in modo obbiettivo il tuo salone, non preoccuparti: ti potrò seguire anche via Skype, faremo una coaching call. Non dovrai spostarti e ci daremo appuntamenti in video chiamata.
Sarai sempre seguito, mai abbandonato.
Ricordati che nel nostro lavoro stiamo a contatto con le persone e loro involontariamente ci trasferiscono i loro problemi e difficoltà, siccome il cervello è un computer, è stato studiato che sentire sempre cose negative e parole come ad esempio: problemi, difficoltà, giornata brutta e molte altre, il cervello smette di trovare soluzioni.
Avrai notato nella tua vita che basta stare al

fianco di una persona triste che tu in automatico senti l'emozione della tristezza, soprattutto se sei molto empatico o empatica.
Il cervello assimila tutto e non a caso si chiama Mente...perché MENTE!
Impara ad ingannare la tua mente e ad alimentarla con discorsi e persone che ti danno valore e vedrai che riuscirai a trovare soluzioni e non avrai blocchi o paure.
I momenti di sconforto, dettati da varie situazioni esterne e conflitti interni, si possono superare con un percorso di coaching: migliorerai la tua situazione sia personale che professionale.
Sai la differenza tra uno psicologo e un coach?
Lo psicologo fa le sedute basandosi su ogni ostacolo come un blocco del passato.
Il coach analizza le potenzialità dell'individuo e si focalizza sul futuro prendendosi cura dell'individuo fino al risultato, basa tutto sull'evoluzione della persona, una crescita... **TRASFORMAZIONE!**
Non cambia o modifica la personalità, ma fa

scoprire le potenzialità inespresse, dimostrando il risultato sostenibile, creando autostima e facendo superare i limiti della persona.
Si dice che: "il limite di se stessi ...è se stesso".
Il coach porta l'individuo ad una crescita personale e professionale.
Il bene più prezioso è il cliente... per un coach la soddisfazione di prendersi cura della persona è vederla camminare da sola nei suoi successi.
E' un lavoro fantastico fare il parrucchiere! Solo la determinazione, la chiarezza degli obbiettivi, la formazione, la competenza, la missione, la visione del futuro, passione ed entusiasmo fanno diventare una difficoltà un'opportunità di crescita.

Superare i limiti e gli schemi mentali porta il parrucchiere al suo successo.
Tra Italia ed Estero ho visto tanti saloni e tanti nostri colleghi, la differenza di uno che ha successo da uno che sopravvive, sta nella sua

persona...
Per concludere vorrei farti ragionare su ciò che sono le basi del nostro lavoro:
- passione
- entusiasmo
- scegliere questo mestiere per soddisfare i clienti.
- chiarezza
- competenza
- professionalità
- determinazione
- fatica
- saper comunicare
- evolversi
- trasformarsi
- sicurezza
- comprensione
- dedizione
- visione
- creatività
- fantasia
e tanto altro...

Questo mondo è bellissimo, sta a te guardarlo
con occhi innamorati, se si perde l'innamoramento, non bastano le strategie... senza passione e amore in quello che ogni giorno si fa, arriva il fallimento e si sopravvive.
Se dovessi trovare una persona che mi dice che tutto questo non serve a noi parrucchieri, le direi:
" Perfetto! Vai avanti così... infatti il successo è di quelle persone che vogliono distinguersi e posizionarsi da professionisti e leader, non si vedono solo come stilisti che tagliano, colorano, fanno pieghe e raccolti, hanno una visione di se di stilisti che diventeranno affermati professionisti e leader del suo staff".
Non è per tutti il successo, perché determina una sfida quotidiana con se stessi, c'è crisi per chi pensa alla crisi quindi non trova soluzioni perché vede solo la difficoltà.

C'è poco lavoro perché non fa niente per incrementare la clientela, questo vuol dire programmare un evento o mettersi la sera anziché guardare la televisione ad analizzare, pianificare e programmare le varie azioni per ottenere i risultati.

Spesso si vedono come padroni di un'attività, non come proprietari del negozio ed essere padroni è pagare un affitto, tagliare, colorare, fare pieghe e raccolti, mentre essere proprietari vuol dire essere imprenditori dell'attività e tutto deve avere una resa economica con le giuste strategie e amore, per fare bene ogni giorno vedendo la soddisfazione della cliente.

Ovviamente tutto preannuncia fatica, formazione e dedizione e non tutti sono in grado di differenziarsi ma preferiscono stare in un limbo di aspettative invece di agire.

Niente è facile: se vuoi differenziati, io ti ho dato una soluzione che ti semplificherà in modo pratico ciò che puoi fare per avere successo ma non posso fare io al posto tuo.

Vorrei vedere più parrucchieri professionisti

che parrucchieri che si giustificano che aprono i cinesi, se prendi questa scusa ricordati che quell'energia che spendi nell'arrabbiarti verso loro non ti porta a niente e se prendi come riferimento il cinese e abbassi i prezzi, il messaggio che arriva alla tua clientela non è che cerchi di sopravvivere ai cinesi ma che stai abbassando la tua qualità e ti sceglieranno solo quelle che guardano il prezzo.

Mi sono trovata in saloni che fecero la scelta di pubblicizzare con un sito i servizi, dandoli a poco prezzo e ovviamente se ne sono pentiti amaramente, perché il cliente che aderirà non si fidelizzerà, ti porta gente tu sei incasinato e perdi di qualità ma chi subisce tutto sono i tuoi clienti fidelizzati che fanno l'80% del tuo fatturato e anche se ti rimangono tre, cinque clienti occasionali, il rischio di perdere i tuoi è alto... con il prezzo così basso, il cliente può pensare che fino all'altro giorno lo hai preso in giro e che tu guadagni già con la promozione del sito, non sanno che tu ne esci con le tasche pulite!

Pensa al il cliente fidelizzato che paga a prezzo pieno e vede le clienti della promozione che
pagano la metà... pensi che sia un buon investimento?
Qualche tuo collega ha fatto questo errore e gli errori servono a non far sbagliare altri...
Amare il proprio lavoro ti riempie l'animo, ogni giorno ti fa' dare il meglio di te e, se fai ogni giorno il meglio, abbinato alle giuste strategie, la conseguenza è il successo e l'auto-realizzazione.
Adesso pensa all'azione, a ciò che vuoi fare perchè:

volere è potere!

E adesso ti dono una poesia a me cara, magari già la conosci, per me è una sorta di bibbia, da leggere e rileggere....

Lentamente muore chi diventa schiavo dell'abitudine,
ripetendo ogni giorno gli stessi percorsi,
chi non cambia la marca,
chi non rischia di vestire un colore nuovo,
chi non parla a chi non conosce.

Muore lentamente chi evita una passione,
chi preferisce il nero al bianco e
i puntini sulle "i "
piuttosto che un insieme di emozioni,
proprio quelle che fanno brillare gli occhi,
quelle che fanno di uno sbadiglio un sorriso,
quelle che fanno battere il cuore davanti
all'errore e ai sentimenti.

Lentamente muore chi non capovolge il tavolo,
chi e' infelice sul lavoro,
chi non rischia la certezza per l'incertezza per inseguire un sogno,
chi non si permette almeno una volta nella vita di fuggire ai consigli sensati.

Lentamente muore chi non viaggia,
chi non legge,
chi non ascolta musica,
chi non trova grazia in sè stesso.

Muore lentamente
chi distrugge l'amor proprio,
chi non si lascia aiutare.

Muore lentamente,
chi passa i giorni a lamentarsi della propria
sfortuna o della pioggia incessante.

Lentamente muore,
chi abbandona un progetto prima di iniziarlo,
chi non fa domande sugli argomenti che non
conosce,
chi non risponde quando gli chiedono
qualcosa che conosce.

Evitiamo la morte a piccole dosi,
ricordando sempre che essere vivo richiede
uno sforzo di gran lunga maggiore del

semplice fatto di respirare.
Soltanto l'ardente pazienza porterà al raggiungimento di una splendida felicità.

"Ode alla vita" di Martha Medeiros e Pablo Neruda.

Adesso prendi un foglio e scrivi tre insuccessi di questo ultimo anno, per ognuna di esse perdonati o perdona chi ti ha lasciato quell'emozione negativa.
Ora prendi un altro foglio e scrivi tre successi che hai avuto nell'ultimo anno, per ognuno chiudi gli occhi e rivivi quell'emozione.

Quanto è bello avere successi!

Ti dono un abbraccio e ti ringrazio, perché se hai scelto questo libro fai parte dei parrucchieri che vogliono crescere!

Lieta di essermi presa cura di te
e di averti donato la mia strategia.

Caterina Salis.

Per commenti sul libro, consigli o informazioni sui percorsi di coaching, team coacing, live coaching, potete mandare un'e-mail a:

CATERINASALIS73@GMAIL.COM

www.ingramcontent.com/pod-product-compliance
Lightning Source LLC
Chambersburg PA
CBHW070428180526
45158CB00017B/916